When I Am Gloomy
وقتی که دلگیر هستم

Sam Sagolski
Illustrated by Daria Smyslova

www.kidkiddos.com
Copyright ©2025 by KidKiddos Books Ltd.
support@kidkiddos.com

All rights reserved. No part of this book may be reproduced in any form or by any electronic or mechanical means, including information storage and retrieval systems, without written permission from the publisher, except in the case of a reviewer, who may quote brief passages embodied in critical articles or in a review.
First edition, 2025

Translated from English by Neda Ahmadi
ترجمه فارسی از ندا احمدی

Library and Archives Canada Cataloguing in Publication
When I Am Gloomy (English Farsi Bilingual edition)/Shelley Admont
ISBN: 978-1-0497-0791-4 paperback
ISBN: 978-1-0497-0792-1 hardcover
ISBN: 978-1-0497-0793-8 eBook

Please note that the English and Farsi versions of the story have been written to be as close as possible. However, in some cases they differ in order to accommodate nuances and fluidity of each language.

One cloudy morning, I woke up feeling gloomy.

یک صبح ابری، با حال دلگیری از خواب بیدار شدم.

I got out of bed, wrapped myself in my favorite blanket, and walked into the living room.

از تخت بیرون اومدم، پتوی موردعلاقم رو دور خودم پیچیدم و به سمت سالن پذیرایی رفتم.

"Mommy!" I called. "I'm in a bad mood."

صدا زدم: مامان! حالم بده.

Mom looked up from her book. "Bad? Why do you say that, darling?" she asked.

مامان سرش رو از داخل کتاب بیرون آورد و گفت: بد؟ چرا این حرفو می‌زنی عزیزم؟

"Look at my face!" I said, pointing to my furrowed brows. Mom smiled gently.

گفتم: صورتمو ببین! و به ابروهای درهم رفته‌م اشاره کردم. مامان آروم خندید.

"I don't have a happy face today," I mumbled. "Do you still love me when I'm gloomy?"

زیر لب گفتم: من امروز خوشحال نیستم. هنوز هم منو دوست داری با اینکه غمگینم؟

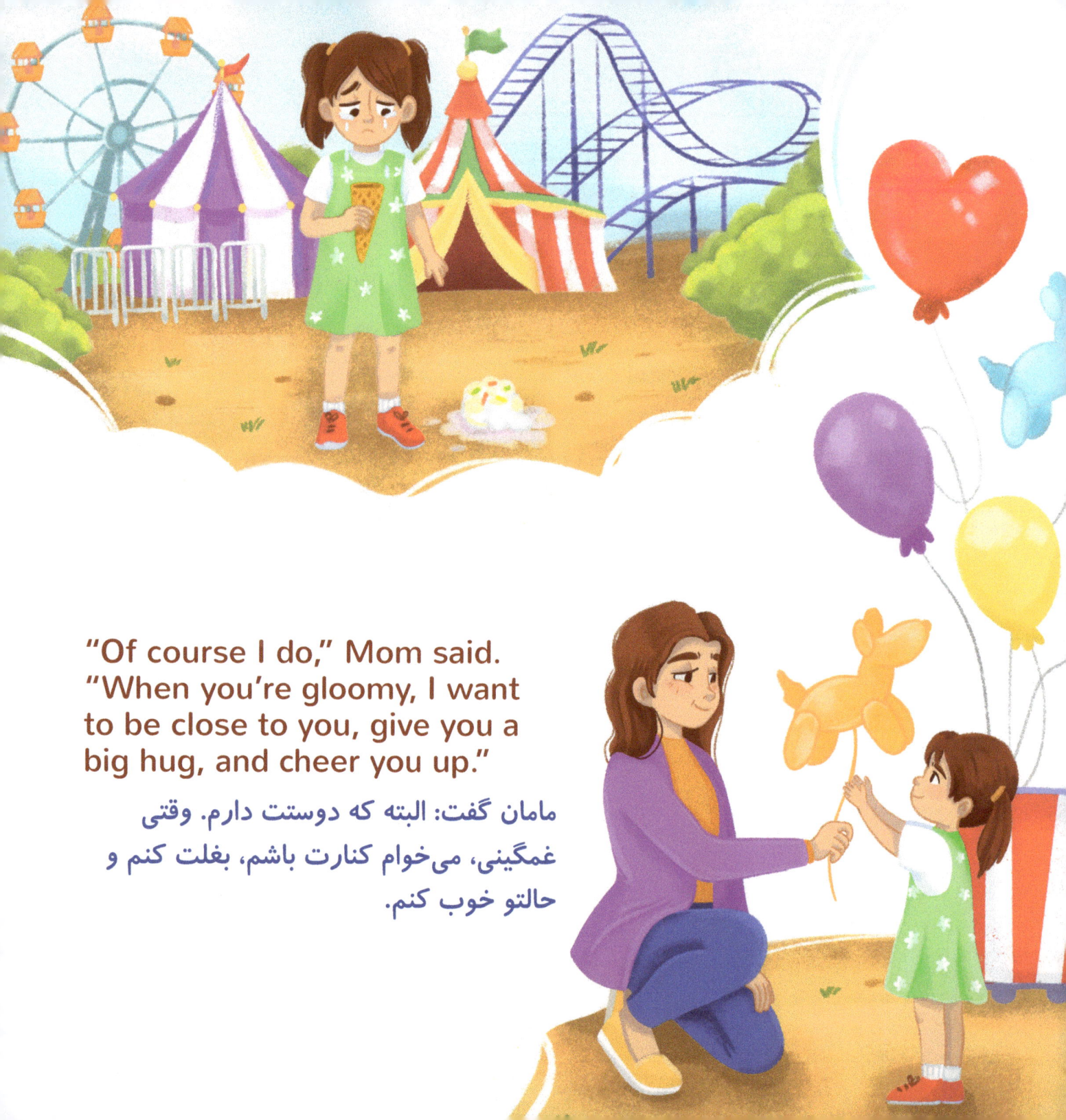

"Of course I do," Mom said. "When you're gloomy, I want to be close to you, give you a big hug, and cheer you up."

مامان گفت: البته که دوستت دارم. وقتی غمگینی، می‌خوام کنارت باشم، بغلت کنم و حالتو خوب کنم.

That made me feel a little better, but only for a second, because then I started thinking about all my other moods.

این حرفا یکم حالمو بهتر کرد؛ اما فقط برای یک ثانیه چون بعدش شروع کردم به بقیه اخلاق‌هام فکر کردم.

"So... do you still love me when I'm angry?"

پس وقتی عصبانی هستم هم دوستم داری؟

Mom smiled again. "Of course I do!"

مامان دوباره لبخند زد و گفت: البته که دوستت دارم!

"Are you sure?" I asked, crossing my arms.

دست به سینه پرسیدم: مطمئنی؟

"Even when you're mad, I'm still your mom. And I love you just the same."

حتی اگر عصبانی باشی هم من مامانت هستم و مثل همیشه دوستت دارم.

I took a big breath. "What about when I'm shy?" I whispered.

نفس عمیق کشیدم و زمزمه کردم: وقتی خجالتی هستم، چطور؟

"I love you when you're shy too," she said. "Remember when you hid behind me and didn't want to talk to the new neighbor?"

جواب داد: وقتی که خجالت می‌کشی هم دوستت دارم. یادته وقتی که پشتم قایم شدی و نمی‌خواستی با همسایه جدید صحبت کنی؟

I nodded. I remembered it well.

با سر تایید کردم. خوب یادمه.

"And then you said hello and made a new friend. I was so proud of you."

و بعدش سلام کردی و دوست جدید پیدا کردی. خیلی بهت افتخار کردم.

"Do you still love me when I ask too many questions?" I continued.

ادامه دادم: وقتی خیلی سوال می‌پرسم هم دوستم داری؟

"When you ask a lot of questions, like now, I get to watch you learn new things that make you smarter and stronger every day," Mom answered. "And yes, I still love you."

مامان جواب داد: وقتی خیلی سوال می‌پرسی، درست مثل الان، می‌تونم ببینم چیزهایی یاد می‌گیری که باعث میشن هرروز باهوش‌تر و قوی‌تر بشی. بله، البته که هنوز دوستت دارم.

"What if I don't feel like talking at all?" I continued asking.

به سوال‌هام ادامه دادم: اگراصلا دوست نداشته باشم حرف بزنم چی؟

"Come here," she said. I climbed into her lap and rested my head on her shoulder.

گفت: بیا اینجا. پریدم روی پاهاش و سرم رو روی شونش گذاشتم.

"When you don't feel like talking and just want to be quiet, you start using your imagination. I love seeing what you create," Mom answered.

مامان جواب داد: اگر دوست نداشته باشی صحبت کنی و بخوای ساکت باشی، شروع می‌کنی از قوه تخیلت استفاده می‌کنی. من عاشق اینم ببینم چه چیزی خلق می‌کنی.

Then she whispered in my ear, "I love you when you're quiet too."

بعد توی گوشم زمزمه کرد: دوستت دارم حتی وقتی که ساکتی.

"But do you still love me when I'm afraid?" I asked.

پرسیدم: اما وقتی که می‌ترسم هم دوستم داری؟

"Always," said Mom. "When you're scared, I help you check that there are no monsters under the bed or in the closet."

مامان گفت: همیشه. وقتی می‌ترسی، بهت کمک می‌کنم تا متوجه شی هیچ هیولایی زیر تخت یا داخل کمد نیست.

She kissed me on the forehead. "You are so brave, my sweetheart."

پیشونیم رو بوسید و گفت: تو خیلی شجاعی عزیز دلم.

"And when you're tired," she added softly, "I cover you with your blanket, bring you your teddy bear, and sing you our special song."

و به آرومی ادامه داد: و وقتی خسته هستی، پتو رو می‌کشم روت، خرست رو برات میارم و آهنگ مخصوصمون رو برات می‌خونم.

"What if I have too much energy?" I asked, jumping to my feet.

یهویی از جام پریدم و پرسیدم: اگر خیلی پر انرژی باشم چی؟

She laughed. "When you're full of energy, we go biking, skip rope, or run around outside together. I love doing all those things with you!"

خندید و گفت: وقتی پر انرژی باشی، می‌ریم دوچرخه سواری، طناب بازی یا بیرون با هم می‌دویم. عاشق اینم که این کارارو با تو انجام بدم!

"But do you love me when I don't want to eat broccoli?" I stuck out my tongue.

زبونم رو بیرون آوردم و گفتم: اما اگر نخوام بروکلی بخورم چی، دوستم داری؟

Mom chuckled. "Like that time you slipped your broccoli to Max? He liked it a lot."

مامان آروم خندید و گفت: مثل اون دفعه که بروکلیت رو به مکس دادی؟ خیلی دوست داشت.

"You saw that?" I asked.

پرسیدم: متوجه شدی؟

"Of course I did. And I still love you, even then."

البته که متوجه شدم و بله، هنوز هم دوستت دارم؛ حتی بعد از اون اتفاق.

I thought for a moment, then asked one last question:

یه لحظه فکر کردم و بعد آخرین سوال رو پرسیدم:

"Mommy, if you love me when I'm gloomy or mad... do you still love me when I'm happy?"

مامان، اگر موقعی که ناراحت یا عصبانی هستم، دوستم داری، وقتی که خوشحال هستم هم دوستم داری؟

"Oh, sweetheart," she said, hugging me again, "when you're happy, I'm happy too."

دوباره بغلم کرد و گفت: اوه عزیز دلم، وقتی تو خوشحالی، منم خوشحالم.

She kissed me on the forehead and added, "I love you when you're happy just as much as I love you when you're sad, or mad, or shy, or tired."

پیشونیم رو بوسید و گفت: همون‌قدر که در زمان خوشحالیت دوستت دارم، به همون اندازه وقتی که ناراحت، عصبانی، خجالتی یا خسته هستی، دوستت دارم.

I snuggled close and smiled. "So... you love me all the time?" I asked.

خودم رو بهش چسبوندم، لبخند زدم و پرسیدم: پس در همه حال دوستم داری؟

"All the time," she said. "Every mood, every day, I love you always."

گفت: با هر اخلاقی، در همه حال، هر روز و همیشه دوستت دارم.

As she spoke, I started feeling something warm in my heart.

همینطور که صحبت می‌کرد، احساس دلگرمی می‌کردم.

I looked outside and saw the clouds floating away. The sky was turning blue, and the sun came out.

به بیرون نگاه کردم و متوجه شدم ابرها دارن از هم باز میشن. آسمون آبی میشد و خورشید اومد بیرون.

It looked like it was going to be a beautiful day after all.

به نظر می‌رسید که بالاخره قراره یه روز خوبی باشه.

www.ingramcontent.com/pod-product-compliance
Lightning Source LLC
LaVergne TN
LVHW070123080526
838200LV00086B/301
* 9 7 8 1 0 4 9 7 0 7 9 2 1 *